VOLKER ERBES

FRANKFURTER KREUZ

Wir hörten ihn singen

Gedichte seinerzeit

mainbook

Impressum

ISBN 978-3-947612-54-3

Layout und Covergestaltung: Anne Fuß

Besuchen Sie uns im Internet: www.mainbook.de

Volker Erbes

FRANKFURTER KREUZ

Wir hörten ihn singen

Gedichte seinerzeit

2019

Was ist die Welt -

ein Klang der sich verliebt...

I erzählen rauschen fahren

Rotwein im unteren Drittel
Sonne Fliegen im Glas
sitze am Nachmittagsfenster
denke dies und das

Tür steht los in der Angel
ein Zittern bloß
die Felsen von Gomera
wie groß

War einmal dort nun bin ich hier
ein Wind vermengt die Blätter meiner Flucht
kieloben liegt das blaue Boot im Sand
der Thunfisch wälzt sich in die Bucht

Fensterkreuz über den Händen
Zeit kann verstehn
ich möchte Briefe schreiben
aber an wen

Glaubst du an diesen Sommer
Gras und Apfelbaum
ein Vogel trägt in seiner Kehle
einen schwarzen Traum

Glaubst du an Blüte Regen
Lichtverhältnis Mai
du sagst: Die Amsel singt
Wer war dabei

Wir lagen dort im Gras
nah an der Autobahn
zwei Kinder suchten da
nach Löwenzahn

Du willst verreisen
nimm ein Floß
längst sind im Land
die Wasser los

Windstoß ersetzt
ein spätes Gedicht
wo liegen die Wälder
wer hält Gericht

was am Leben
was schon stumm
du fühlst dich schuldig
warum

Direkt an der Straße
sagst du müd
träum deine Gegenden
um Nord und Süd

Frühnebel steigen
Wechselkurs fällt
Schwäne im Winkel
am Himmelszelt

Bananenlaster
donnern dahin
dein Haus auf La Palma
jetzt ohne Sinn

Für H.P.

Ich hör die Wagen rauschen
vorn auf der Autobahn
mit vielen möcht ich tauschen
was ich nicht haben kann

ich hör den Wind erzählen
am Abend im Kamin
könnt ich noch einmal wählen
wo ging ich hin

ein Rauschen ein Erzählen
ich weiß nicht was ich soll
du wirst mir einmal fehlen
die Stunde wird nicht voll

ich hör die Wagen gehen
da vorn auf dem Asphalt
ich möcht es gern verstehen
wer das versteht wird alt

erzählen rauschen fahren
wer dachte diesen Reim
in zehn in zwanzig Jahren
kehr ich von selber heim

Seit diesem weißen Wintermorgen
an dem sie dich in die Maschine hoben
hör diese Seite nicht mehr auf zu singen
und zu sagen: abgeschoben

der eine sagt es und der andre sagt es wieder
du hast dich nicht zurecht gefunden in der Stadt
wars ein Adagio ein Flieder
wie schön daß Griechenland dich wieder hat

ein Irrenhaus ein Tempel eine Höhle
was war hier anders schwer verletzter Freund
der Gott in deinen Augen schlägt das Feuer
und längst ein Hund um unsre Wunden streunt

Was kann ich dir noch schreiben was du selbst
nicht auch schon wüßtest unser Freund ist tot
ja wenn ich in Athen bin werd ich dich besuchen
das Herz ist grau und unsre Zunge rot

Für Anastasios

Was wahr sein wird ist alles schon geschrieben
ruhig trinke so die letzte Tasse Tee
die Wolke brennt noch und die Schwalbe stürzt
wo ich mich dort im offnen Fenster seh

im Fluß steht alles was je angetrieben
die Stadt mein Rätsel dieser große Rest
an jedem Ufer geht ein Mädchen liegt ein Glas
was bleibt der Hand die ihren Halter läßt

es waren Pferde oder waren Waffen
der beste Tod begibt sich oft vor Tag
schwer die Blätter dieser unsterblichen Werke
die ich an diesem Abend nicht mehr wenden mag

Besonnte Hänge
Birkengrün
Trance-Gesänge
zum Gipfel ziehn

Pappelrouten
der alte Weg
Hammelbluten
am dunklen Steg

Viele Leben
Särge im Licht
gleich daneben
das Linsengericht

Wolken feuchten
die Stirn des Herrn
Pamirleuchten
gletscherfern

zehnfach geschartet
der Weltenbaum
der Meister wartet
im Innenraum

rauschend im Schmuck
ihrer Federn bleiben sie hier
verwundert daß ihnen
kein Flug mehr gelingt

andere schwerer wie Steine
rollen sie auf dem Grund
ihrer Zeit beutelos mit

kommen und gehen leichte
Versprechen aber die Liebenden
in der Südwand des Everest
baun sie ihr glühendes Haus

Sei bei dir und sei außer dir
vergiß die Zahl das Wort
es gibt ein Land es gibt ein Tier
so trage dich nun fort

nimm Richtung und verlaß die Stadt
egal wo Eden brennt
kann sein daß dich dein eignes Haar
am End nicht mehr erkennt

verzweifelt dieses lange Wir
tauverhüllte Frucht
sei bei dir und sei außer dir
und bleibe auf der Flucht

In Frankfurt steht ein Dom
er steht noch immer weil
das größte Haus ist lange
der Kaufhof auf der Zeil

am Abend seh ich Wolken
im Kino seh ich dich
der Main trägst schwarze Schiffe
er trägt nicht einen Fisch

im Viertel wachsen Banken
und Bäume auf der Zeil
ich geh noch immer schlafen
und geh alleine weil

II WIR HÖRTEN IHN SINGEN

den Huf des Hirschs
an seiner Lende
es ist Sommer
wenn er diesen Platz betritt

hell fliegt sein Zeichen auf den Tisch

Markisenzauber
Tigerlust

wohin mit seinem starken Arm
er verlangt grauen Pernod

sein ist die Zeit
den Schwalben
zeigt er die bronzene Kehle
gegen den Lauf der Welt
trägt er den weißen Turnschuh

seine Braue fängt Licht
unter seiner Rippe ein Dickicht
in dem viertausend Jahre wildern

Männer stürzen
an den Monden seiner Nägel
scheitert jede Musik

er trägt den Helm er trägt
den Eberzahn und doch
gefährdet er sich durch ein Lächeln

wir bestiegen die Räder
blühn zu sehn unser Gras

was für ein Tag
Tonne aus Licht

um den Weg stritten sich
zwei der sich gabelte
aber vielleicht
um ein älteres Recht

Mann und Frau
kamen wir wieder zurück

auf gemeinsamer Spur
um Armesbreite getrennt

Fledermausflügel deiner Gedanken
Mitgift deiner langen Wimpern
deine Verachtung dein Schoß
ich weiß nur du bist eine Frau

fern wie Wasserfallgespräche
Geklirr fremder Autoschlüssel auf meinem Tisch
Panthergefühle Katzenaugen
welche Zärtlichkeiten gegen Ende der Nacht

Spiralnebel deiner Erklärungen
Äthertuch deines Kostüms
Rollschuhtanz o Grünauge
ich der Schneemann den du dir baust

wir hörten ihn singen

doch was verlor er
dein Bild zerriss

wir ersannen einen Krieg
in den wir mit ihm ziehen konnten
denn solange er tot war
gab es kein Spiel

einen Metzgerhaken zeigte ihm einer
ein andrer die Flasche jemand
schenkte ihm den
Mehlsack sich darin zu üben

er hatte die Pappel bestiegen

wir hörten ihn singen

unnütz daß er sich einmal
nicht wusch um sich
zu dir zu legen

der helle Morgen
Verräter Freund

kein Vorhang mehr
für unsere Nummer

der Boy spuckt Kürbiskerne
mein Friseur hat ein neues Lied

aber ein Krug
er war leer

zurück in die Bucht
kehrte der Thunfisch

mit einem Ächzen
rückte der Berg
näher zur Stadt

du rufst mich an und
sprichst von deinen Katzen

für dein Gefühl
brauchst du ein tieferes Rot

Puppenstunden
dein Bedürfnis nach Nähe

mit einer Kiste Nadeln
fahr nach Afrika

in deinem farbigen Hemd
finde den Meister

Wolken sind unsere Schiffe

Erde bleibt
unter den Schuhen zurück

wir erreichten das Schneefeld
wo wir uns balgten
in glänzender Rüstung
um nichts als diese Welt in Weiß

in der Hütte erkannten
wir einander und legten zu Leib
frierenden Leib

warm schläft der Marder
unter der Haube des atmenden
Golfs bei den schwärzlichen Tannen

schwer dich bläuliches
Wild zu treffen
in diesem bebenden Hain

wer deine Feenwehr sieht
darf nicht weiterziehn darf nicht
schlafen und jagen

welches deiner Tore
muß ich deuten um nicht
geträumt zu werden von dir

einmal kamen Pferden
gleich die Gedanken und flohen
Reitern ähnlich Ideen

Muschelton heller Mittag
du stehst unten im weißen
Cabriolet schüttelst dein Haar

ich werfe
den Ball meines Papiers
hoch in den Sommer

mein Herz dieser
Schwimmer es müssen
Hechte sein oder Forellen

die Hand greift sich Kiesel
über welche deiner Untiefen
ziehst du mich Frau

wo wir uns liebten
wird das Gras nicht mehr wachsen

und doch betrügst du mich morgen
mit einem anderen Mund

Glück wechselt brennend die Hände
zeig für den Schlag mit der Rose
golden dieHaut

dem Schmerz vergib er ist jung
Zeit haben die Gebirge
wir müssen einander verstehn

Stolz dein Gefieder
Indianerin mancher Siege

die Pfähle dort bei den Wäldern
werden auch nicht gezählt

in Dunkelheiten
suchst du mein Ohr
zu verraten
wo du noch lieber wärst

keine Frau gleicht dir
wenn du so lügst

und dennoch sind die Matadore
die du an deinen Fingern
zählst wie Ringe längst
von der Straße verschwunden

die Nacht mit dir ist lang
es gibt kein zweites
Spiel das unterbrochen wird

Löwengrube deines Zimmers
du erschreckst mich
mit der Wolle die du
für den Winter sammelst

nie eine Leier
berührt kein Fell
steh hier mit einer
Platte die du kennst

sollen wir reden sollen
wir schweigen
im Auge des Wettermachers
findest du deinen Palast

der Sommer ging vorbei
der Strand leerte sich mählich
jeder kam noch einmal
daß er nicht schon fahren müsse

der Schatten im Felsen
flatternde Tücher die ihre
Streifen dem verbrauchten Himmel gaben

weiß und rot wie das Leben
alles war nur ein Mittag ein Licht

wo kippen wir aber
morgen das Boot

wenn du mir lächelnd
das Rätsel aufgibst
Schritt aus dem selbstvergessenen
Kleid deiner Schönheit

was hätte ich
meinem Schatten zu sagen

dein Tag soll sein
kupferner Helm deine Nacht
ungesatteltes Pferd

tauend Zimmer
in denen die Liebe sich fängt

der Lüge
genügte ein Bett

du gingst vorbei
drei Kerle hielten den Tisch

die Kugel sprang
doch unsre Nacht
blieb lange hell

da sitze ich und trinke
mein Leben aus einem Schuh

Sturz aus leuchtenden
Fahnen

die Stadt
ein Feld für diesen Mohn

die Pinguine haben mir erzählt
unter deiner Haut wandert ein Messer

an einem Lied bricht die Scholle
keine Geschichten erfindet die Stadt

so schwimme ich lautlos
durch dein verwahrlostes Herz

zwischen Wolke und Stein
wechselt der Tau

mein Eber bricht
in dein stummes Verlies

um das restliche Glück ist
nicht Abend nicht Morgen

ich finde deine
silbernen Bestecke alle

der Hundskopf des
Vergessens ruft laut

eine Heckenrose
nimmst du
nicht länger schlafen zu müssen

Heldenversagen
brandfarbenes Mal

mit meiner Meute
breche ich auf
dein Herz zu belagern

so hat mich dein Kleid
besiegt und ein silbernes Haar

unnachahmlich
wie du deine
linke Schulter küßt

auf allen vieren
werde ich von ihnen
kauern den Ruhm
vergeblicher Fluchten zu singen

Venusfalle
Jaguarland

es gibt eine
nie verzeihliche Lust und
sonst keine

mein basaltenes
Lächeln diese Schulterstücke
wähltest du deinen Gang
unter die Leute zu bringen

ich dein geheimes Leben
aufgedeckt
in blaugeäderten Karten

zwei Dinge
enden den Tag

neige die Uhr
der Gott
erschien weil er sie
liebte die Welt

Meckern der Kelche
um den Altar

mit einem Hammer
schlug ich den Mond

deine assyrische Braue sie
hob sich dein Mund
verlangte nach Scherbe und Rauch

jetzt bin ich
Bruder und Meister und Tuch

Schmuckband
Wolfsmilchkehle

ich waide meine Tage
aus mit einem Flaschenhals

das Fell des Mittags dröhnt
groß steht dein Leib in der Sonne
auf haushoher Wand

dein Kalender er
nennt mich nicht
in deiner Hand
verdirbt meine Rute

Engelswerk
Schwanenherz

ein Pflastermaler
bin ich der
seine Kreiden frißt

bevor es ein Lied gab
war dein Haar

was könnte ich mir
verzeihen von all den
Belanglosigkeiten des Kriegs

über der Welt steht der Himmel

ohne Harfe spielt dieser
Wanderer dir in der Brust

sah dich noch einmal
am blaubewimpelten Ufer

langsam legt sich die
Zeit zu den Schatten

unter dem Eukalyptusbaum rufe ich laut

so wehrt sich
der Sommer gegen die Brände
die ihn erlösen

keinen Schmerz kennen
die Felsen und keinen Stolz

am Fluß verschwenden die Gitarren
abermals unser Lied

ich verlasse mein Sternbild
den Stier und trete
hin vor die Häuser

du hast mir das Leben
gezeigt und ich legte mich
neugierig
was ich träumen würde
nieder

ein Zelt gegen Mittag
bau dir
rot an die Felsen

dort sitz nur deine
Wilden zu empfangen

wenn aber einer
kommt der die Waffen
verlegte in seinem wehenden
Mantel nur dieses Blatt
hütet auf dem der eine
Name steht und sonst nichts
sei ihm nicht bös er
erinnerte sich

Ja
schüttel die Stäbe
die Musik stell an
den Gürtel
nimm dein Büffelgras zu mähen

mit einem anderen
Lippenrot kehrst du zurück

wenn sie mich finden
sag nichts er
wohnte ja bei dir

in die Häuser
zurück muß ein Dieb

deine Mutter sie
nährt ihr schwarzes
Geäst in deinem Traum
schreien sieben getigerte Katzen

ein unbenutztes
Bett wurde versteigert
das war die Legende

wenn sie die Straße
nach ihm nennen
sag nichts er
war gestürzt

den es vom Feld
abermals in die Gosse zieht

Schlaf unter der
Hüfte des weithin
sichtbaren Meridians

du kennst ihn als
Reiter kennst ihn
als Lügner als bräunlichen Gott

dein Gefreiter
der großen Verwundung

alles was ihm fehlt
ein Päckchen Zigaretten

zwei Hände
hatte ich für dein Haar

welcher Gimpel
pfiff mir das Lied

du bist fort und ihre
Kassen stimmen nicht mehr

der Himmel er
gab dir Schönheit die Straße
nach Ninive Schutz

Herzblut ist immer
ein anderes Rot

mit meinem Gelächter
schlafe ich bis es tagt

zwei Raben
wachen am Tor

färbe das Haar
schmück deine Fessel

der Regen fällt
weil es der Abend so will

den Medizinmann zu treffen
schneide das Rohr

ein Fisch träumt den Himmel

es umarmte der
Mond seinen Schatten

der Eckensteher
an deiner Herzwand
er kennt auch ein Lied

betrogen
von den Geschenken der Liebe
fanden wir uns

aber das Blauauge Welt
sprang über ein
kälteres Blatt

Wildwechsel auf
tönender Lichtung

in all deinen Horoskopen
war ich der schwärzliche Stern

auf Leben steht Tod

hüte dein kleines
Geheimnis der Tag
wird noch groß

verloren ging ein Schiff
mit jungen Ruderern

doch wer hält den Wind

du eröffnest neue Spiele
in deinen Kathedralen
drängen sich
die Frühaufsteher
zum Abendmahl

was aber geschah
in meinem billigen Zimmer

die Himmelsrichtungen
zähle ich seit du fort bist
eine fehlt

ich bin der Mann
der viele
Patente vergaß

mit einem
Frauenmörder ja hätte
sie es getrieben

warum sie halten die
Blätter farbig
fallen sie doch

die Kappe des Rads
rollt dem Wagen
fröhlich voraus

selten Heilige
sind wir
mehr Spieler

im Zeughaus der Winde
greifen wir nach dem Seil

der schwarze
Mann tritt in ein
dröhnendes Leben

fehlende Karte fällt
aus geöffnetem Kleid

nicht einmal diese Hand
kennt den König

jetzt bin ich weise
morgen bin ich verrückt

III KRUG UND SCHATTEN

Was immer war und doch nie ist,
weil Dinge ohne Haß geschehen
und absichtslos vorübergehen,
versäumt ein Leben rasch in seiner Frist.

Da eines Menschen Herz nicht anders kann,
verletzt ein dunkles Blut bewegt
und seine eigne Stunde schlägt,
vergißt es dieser Gnade Dann und Wann.

Und kommt ein Engel, weiß es nicht,
in welcher Zeit es gerade geht
und ob es atmet oder steht,
ein bebend klopfend Leichtgewicht.

Was es dann am Ende ist,
des Lebens Dinge dir nun sind –
den Dornbusch sehend schaust du blind,
weil du des Augenblickes Lidschlag bist.

Was geschehen muß, es wird geschehen,
jede Botschaft trägt ein zweites Wort –
die Stunde kommt und läßt dich stehen
und nimmt die Rose mit sich fort.

Von Gold zu Silber wächst dein Haar.
Was du erkennst, zu einem Meer von Fragen
spült es die Zeit; was einmal Mutter war,
liegt selbst nun hingekrümmt in grauen Laken.

Wie der Schmerz dich sehen läßt,
so macht die Liebe blind –
und bist du auch des Himmels großer Rest,
bleibst du doch bis zuletzt der Erde Kind.

Der Sommer hebt die rotverbrannte Erde
noch einmal an sein Herz: August –
im Gelb der Felder und im Blau der Tage
geht schon ein Fernes, unbewußt.

Wenn dort dein Glas noch steht, ergreif
das halbgeleerte – es ist noch halbvoll: Lust,
die sich träumend eines Späteren versieht,
des Pfirsischs satt, der Traube noch nicht reif.

Dein Auge sieht den hohen Stand der Sonne
indes der Schwalben Kreis nach Süden zieht;
ein Halten und darin ein süßes Lassen –
o Wespentanz um eine letzte Wonne.

Was du bekommst, kannst du nicht fassen
und bindest lächelnd, was noch blüht,
und bringst im Schatten deines Strohhuts durch die Gassen
des Lebens Dank, den Kranz, der Erde Lied.

Dem Wunsch noch offen stellst du diese Frage,
warum das Leben nimmt, damit es werde –
und ob die letzten Dinge, wenn du gehen mußt,
denn leichter wiegen als der Lust Beschwerde.

Nichts erspart uns die Welt und
keine Dummheit begehen wir,
einen andern davor zu bewahren.

Denn eines jeden Leben ist
vollkommen: deshalb geht jeder
in Angst, Wahn und Entzücken umher und er lernt
alles, was ihn ausmacht nur

im eigenen Leib. Bis er, in der Mitte
angekommen, was Menschen
tun auch getan und allen Wert, den jedes

Leben bewahrt, verschwendet und auch jeden
Mord begangen hat endlich, was einzig
unter der Zeit ist, erfährt und in Liebe.

Dein Spiegelbild in wechselnden Gestalten,
versieh dich nur der Hand, die Großes will –
du magst nichts nehmen und du magst nichts halten,
und deines Herzens Amsel wird nicht still.

In Gold und Glas erglänzt die Galerie,
die schönen Dinge, Menschen, die sich mögen –
das war es doch, Licht, Freude, Spiel und wie
die Wolken, ferne Schimmel, dort hinüberzögen.

Du hast bezahlt und willst nun doch nicht gehen
und schwankst in deines Wunsches Vielerlei –
und süß und schmerzlich dann auf einmal das Verstehen:
der lang ersehnte Augenblick, er ist vorbei.

Ein kühler Tag, der Schirme Farben matt –
wo war der Wind, der plötzlich weht?
Die Frau in ihrem blauen Kleid, sie sieht sich um und geht;
zu spät für den, der sich mit ihr verabredet hat.

Wo ist die Sonne, die uns Wochen fort
blendete, um bloße Schultern war?
Im Baum zu meiner Linken schrillt die Spatzenschar,
Staub zieht seine Spur um den halb offenen Container dort.

Und wo bist du, bevor du hier
die Münze wendest, da der Brunnen ist?
Wo bleibst du, wenn du angekommen bist
und nur noch schwer zu sagen wäre ob du Engel oder Tier –

Warum jetzt atmen, etwas zu erzählen
und laut zu werden, da der Mittag blaut –
dem offnen Mund wird immer etwas fehlen,
bleibt eines Freundes Lächeln unvertraut.

Spürst jetzt Erinnrung aus den Bildern steigen
und wägst Empfindung gegen alte Sorgen –
und weil es dir so schwer fällt, nur zu schweigen,
sprichst du auch schon von diesen Dingen morgen.

So neu ist jeder Tag und ohne Eile,
er läßt die Ähren reifen und die Stunde blühn –
nur du in deines Wenn und Abers Weile
mußt einen Faden aus dem Leben ziehn.

Und gelb und weiß und rot in warmen Streifen
Sonnenspiel am Nachmittag
die Beeren in der Hecke reifen
beim Fenster drüben wird ein Schatten wach

Das Kind bekommt jetzt seine Tüte Eis
ein kleiner Hund erregt sich dort am Tisch
war je ein Tag so blau und heiß
was will das Leben – meint es dich?

Gelassen faßt der Wind in die Markisen
ein Atemzug ein währendes Vorbei
fern über ungemähten Sommerwiesen
steht hoch und leer ein Habichtschrei

Unwillig folgst du diesem Gang,
da öffnet sich der Flur zur Laube;
Licht, ein gedämpftes Lachen, Amselsang –
schwer hängt ein Hagebuttenstrauch zur grünen Traube.

Wie weit bist du nun schon gefahren
und fort gewesen – hier, ein kleiner Steg:
und Menschen sitzen wie vor hundert Jahren,
nur Atemzüge von der Straße weg.

Gehst ein paar Schritte über weißen Kies
zu diesem Tisch, für einen groß genug.
Warm hält der Stein der Sonne Vließ
und kühl des Lebens Naß der graue Krug.

Unsichtbar dem hellen Auge legt
wie Staub die Zeit sich auf dein Herz
was weiß der Wind schon der den Zweig bewegt
von dir und diesem unbestellten März

Du ballst die Faust dein böses Kind
und öffnest sie um etwas zu bewenden
du greifst ins Leere und der Wind
spricht irgendwo von deinen Händen

Und weißt nicht wie von dir erfaßte Dinge
im Lassen schon auf andre Dinge wirken
wie auch für einen den du gar nicht kennst die Klinge
des Horizonts zum Abend bilden jene fernen Birken

Grau hebt die Stunde an, das Licht
der blauen Tage fort, wie nie gewesen –
was du erwartest, du bekommst es nicht:
also, Kaffee bestellen, Zeitung lesen

Kulturgeraune, Klimagipfel, Merde,
der Traum von heute früh verweht;
was hast du denn geglaubt, daß diese Erde
sich jetzt auf einmal um dein Frühstück dreht?

Das Bild ist weg, die Ahnung, nichts zu machen,
ohnmächtig formt die Hand den Schatten schon.
Da – im Geschrei der tausend losen Sachen
klingt deines Liedes weißer Muschelton

Wie Hunde, die sich um die Wagen drängen
weil Dunst und Wärme sie verführen
so kannst du, der den Weg nicht kennt
die Fährte, die dir aufgegeben spüren

Da wird es immer eine Mauer geben
und stets den Strand vor einem fernen Meer
so bist du frei, den Weg zu wählen
doch nicht die Schnauzen um dich her

Mag sein, dir öffnet sich ein Mund
und dich berührt am Ende eine Hand
der lange Weg zu dir, er ist ein Tanz
der seinen Himmel kennt und nicht sein Land

Was tust du dir in deinen Spielen an daß nur
sich Wunsch und Stunde bald erfüllen mögen:
indem du fliehend wechselst Spur um Spur
verliert sich die Parabel deines Wegs im Regen

Ein großes Glück nicht zu versäumen
nimmst du, Dieb deiner Zeit, Gelegenheiten wahr
bist nun in bunterregten Träumen
mal Held, mal Pilger, dröhnender Barbar

Doch erst wenn du der einen Rolle reifst
des Daseins Tenne hier verläßt
die Seilschaft dieses Schachts ergreifst
vernimmst du deines Schweigens Rest

Wolken, Dachterrasse
gewittrig mit Säumen aus Licht
wo sich der Sang der Straße
in spiegelnden Fenstern bricht

Wieder in aller Eile
rauschen Wagen und Zeit
stumm darüber mit Weile
wechselt das Jahr sein Kleid

auf einmal eins dieser Gefühle
herzkammerweh
vielleicht war gerade Sommer, ferne Spiele
fiel Schnee

Als ob nun etwas riefe –
da ist es auch wieder geschehn
du atmest und läßt das tiefe
Glas der Erinnerung stehn

Die Räder drehn sich und die Halle bebt
und wieder liegt der Rost der Stadt im Licht
was außen schwand und was noch innen lebt
Bild Lachen ein Gefühl und du begreifst es nicht

Und immer wenn der Zug die Kurve nimmt
schaust du die Giebel oben läßt du es geschehn
bis deine Seele diese ferne Bucht umschwimmt
erhobner Hände das Gesicht zu sehn

Ein Winter '64 und es war Advent
warm kam der Kerze Glanz über des Abends Blau
für einen Lidschlag dieses Fenster nun das du erkennst
dein Aug ist weit geöffnet und dein Haar ist grau

Sie spricht zu dir die tiefe Stunde
und sagt: ich bin dein Angesicht
doch du in deines Wappens Kunde
erkennst sie nicht

Nie gewesen der sein Bild uns zeigt
bist auch nicht was du erträumst
wirst was noch im Nebel schweigt
wenn du Zeit mit dir versäumst

Denn in deines Herzens Bälde
reiht sich rascher Stein um Stein
die du hier aus deinem Felde
auf den Acker wirfst Vergiß nicht mein

Laß wenn du das runde
Zelt betrittst, die Trommel außen vor
behalte dieser Stunde
offnes Ohr

Laß die Tür zum Garten
wenn du wieder gehst
nur angelehnt; es warten
so viele – halte nicht fest

Bewahr im Wechsel der Flut
nur eines Sternes Leib
dein wahres Antlitz ruht
im großen Zeitvertreib

Wie eine närrische Begine
im Sissisilber ihres Haars
zu Zimt und Nelke eine Apfelsine
und zum Entzücken der Versagung Farce

so brachtest heut in einem Traum
von hohem Ungeschick und stiller Sendung
du mir zurück der fernen Stunden Schaum
und so geschah auch diese unerfahrne Wendung

Ein Leuchten war um all die Dinge
die wir einander boten oder auch verwehrten
und wie besessen unser Wortgeklinge
mit dem wir Tag und Traum versehrten

Und wenn wir auch nur Schatten waren einer auf des andern
Gesicht und Haar wir waren doch im Licht
die Schemen unsres Films die hoch im Saale wandern
bevor das Zelluloid im Abspann bricht

Sind nur ganz wenige Dinge
die du wirklich brauchst
Brille Schlüsselringe
Feuer wenn du rauchst

Himmel und Erde lachen
du wütest und weinst
was machst du für Sachen
wichtige wie du meinst

kannst ja mal erzählen
auf was du dich verstehst
wem wirst du fehlen
wenn du gehst

Dir selber tiefer fremd
wo du nur Heimat hast
steht dir das letzte Hemd
auch wenn es dir nicht paßt

Städte des Westens
dunkel gezackt
alles bestens
sternenbeflaggt

fliegende Brücken
ragender Stahl
eins muß glücken
Kopf oder Zahl

Rost lebt im Eisen
Zeit im Wind
Tod geht auf Eisen
Ikaruskind

Spiegel der Sonne
Türme des Lichts
ferne Ikone
von dir bleibt nichts

Du gehst umher und suchst und wähnst
die ganze Tiefe deiner Stunde
zu finden – dabei geschieht schon wenn du gähnst
daß nur sich öffnet und auch wieder schließt die Wunde

die einst entstand als du in diese
verkehrte Welt gestürzt um richtig anzukommen
wie ist sie grün des Lebens goldne Wiese
der Himmel drängt dein Engel schweigt beklommen

Wie schön das wäre Ahnung Stille
umringt von einem Kreis von Freunden hier auf Erden
doch eine Welt von Idioten schreit: Erfülle
die große Leere erst mal mit Erfahrungswerten

So stolperst du voran dein Herz zu wärmen
armes Gefäß in einem fort gefüllt
bis du zerschellst und all dein Lärmen
sich der großen Kammer rauschend stillt

Der Früchte einige des Lebens hier genossen
ein paar der letzten Fragen abgemacht
doch etwas in dir selbst bleibt unerschlossen
brennt wie ein Traumgefühl von letzter Nacht

Es war gesagt die Zeiten kämen wieder
in denen sich ein altes Wort erfüllt –
nun gehn der Raben ganze Schwärme nieder
wo um die Treppe Müll und Unrat quillt

Ein Kampf um eine Antwort auf die falsche Frage
ein Leben für ein unverdientes Glück:
am Ende aller blutumstickten Tage
bleibt auch dein Zeugnis hinter dir zurück

Ein König vielbesungen tief im Berg
an dessen Fuß ein graues Meer sich bricht
erhoben Schwert und Meißel für das Werk
erstarrt zu Stein den er zu meistern spricht

Im Sturz der Nacht wenn sich die Brände
von Blau zu Rot verwandeln und in Gold vergehn
kehrst heim auch du zum innersten Gelände
wo deine Pfähle schmal geschnitten stehn

Du willst die Namen rufen die du schon
zu kennen glaubst und selbst verloren
und ausgegeben hast das Kleingeld der Person
doch wie nun wechseln was dir nie geboren

Du hebst die Hand der Linien Bruch zu zeigen
doch nichts und niemand kennt dein Wesen hier
du nimmst es an das unerhörte Schweigen
und folgst als Engel Adler oder Stier

Der Wuchs der Bäume dort vertraut
und auch der Wolkenplan – doch was darüber
in unverstellten Räumen da als Himmel blaut
schon ganz verloren. Und es wär dir lieber

Oktober hielte seine Tiger noch zusammen
verstünde sich im Lassen und im Finden
anstatt den großen Wunsch mit Schrift und Flammen
im Tanz der Bilder zu entbinden

So überlaß dich diesem Purpurdrängen
die Welt ist Sterben – also auch Verlangen
dein Herz es träumt von Übergängen
und hat doch längst den goldnen Schlag empfangen

Denn was auch Engel nicht verhindern konnten
und was als Licht im ersten Kreis beginnt
verbrennt sich vor den Horizonten
und wird erst hell wo Zeit und Wasser rinnt

Wenn langes Eis dann klagend bricht
und auf die Reise geht märzhin ins Wasser wieder
aus dem es frierend stieg der Tage Gischt
zu Drosselsang sich wandelt und zu Flieder

Strömt ein Gefühl aus diesen Ängsten
weiß vieles wahr und weiß nur eins verkehrt
der Seele Brünne leidet dort am längsten
wo sie am stärksten ihrer Liebe wehrt

Den Schmerz ergreife der dich mitten
ins Herz trifft er allein macht frei
erlebe deinen Tod in wachen Schritten
sei wenn das Leben lacht dabei

Kein Mensch noch kam von jener Grenze wieder
doch aller Menschen Wünschen grenzt dort an
vielleicht sind es ja Bäume sind es Lieder
die keiner weiß und die ein jeder kann

Mag sein wir haben bloß vergessen
der Nebel steigt das Wasser fließt
das Heilige es ist ein Essen
und ist ein Danke das es dann beschließt

IV DER ZAUBER MERLINS

Was denn war es,
das du mir gezeigt hast,
indem du schweigend
da standest und fast

zersprungen wärst
in singender Zeit,
unerträglich
hoch und weit

der rote
Herzspinell,
er wurde
endlich hell.

Für eine kleine Weile
mußten wir beide still
harren in diesem
silbernen Gefühl,

bis der Gaukler
unsere Bilder genommen
und damit über
den Fluß geschwommen;

es dunkelte und nicht einmal
willfährige Schatten
darauf sich entwickelt hatten;
und wir darüber lange getrauert...

Da hat es noch einmal so eine
wenn auch jetzt sehr kleine
Weile gedauert

bis alles, was wir da gegen
das Ufer um uns gemauert
zerbrach unterm Regen

Was weißt du schon,
wie du dich da bemühst
um deine Märchen,
darin siehst,

deine Lieblingsgeschichten;
Allerleirauh,
Februarfarben.
Was denn war es genau?

Von überall schreit
es auf einmal: Wir!
Und du in deinem hellen Kleid,

mein schönes Tier;
mein gutes Kind in deinem Jetzt und Hier –
so eng geschnitten und so weit...

Ich kriegte diese Fähe
nie zu fassen,
auch bei größter Nähe;
mußte es lassen.

Warf weg Pfeil und Bogen.
Es war wohl hier:
Über mir zogen
die Schwäne zu ihr.

Übers Jahr bin ich wieder
auf dieser Statt
und seh wie der Flieder
getrieben hat.

Ende November, wieder soweit,
der gleiche Pelz, die selbe Zeit;
ein paar Tage noch, einerlei –
wann wirst du von diesem Engel frei?

Kann doch nicht sein,
das neue Jahr,
wo das alte kaum
zu Ende war.

Vielleicht aber ist
der traurige Rest
noch lange gut
für ein weiteres Fest.

Wärst du nicht über mich gekommen
mit deinen läßlichen Sünden,
ich müßte dich, so wie du bist
komplett erfinden.

Du warst nicht einzig
und auch nicht sehr tief;
aber etwas
zerrte und rief.

Als hätt ich im frisch gefallenen Schnee
droben eine Gazelle erwischt,
eine Hand, ein Tellereisen –
weiß nicht...

Da ich lange diesen
Traum nicht verstand,
schrieb ich mit Kreide
an eine Wand:

Hier geschah es – oder es
geschah auch nicht...
Wer sah dabei schon
mein abgewandtes Gesicht?

Kaum zwölf Monde später
kam dies leidige Weib –
und zog dann weiter.
Zu welchem Zeitvertreib?

Das war der Sommer ohne dich –
ich sah es treiben und ich sah es blühn.
Und als es welkte sah ich dort hinüber...
und hätte dir so gern verziehn.

Wo ich bin ist auch ein Leben,
nur es trägt sich leichter fort –
vieles wächst hier so ganz anders,
Häuser, Reichtum, Liebe, Sport.

Die Welt ist ein wilder Garten,
da keiner weiß, wen er liebt –
wie seltsam, daß es hier Lieder
und Rosen und Reben gibt.

Du bist nun ganz aus meiner Stadt verschwunden,
die leer ist wie ein Herz und ausgefegt;
zuletzt sind es nur noch Sekunden,
in denen es dich hin und her bewegt

durch ein paar Träume ohne Scheu,
weil jetzt kein Leben mehr zu sagen drängt:
mach dies, laß das, treib es aufs neu –
gleichgültig, wo dein Kleid nun hängt.

Alles was zu sagen wäre,
zu fragen in den Wind,
ist wie das Spiel mit Federbällen,
da wir in unserm Ungeschick die Antwort sind.

Was wird aus Träumen, ausgeträumt?
Wo will dein Tag hin, wenn er geht?
Was hat der blaue Wagen vor,
der vorn im Schatten der Platane steht?

Kann dieses Splitterwerk aus Fenstern
ein Spiegel für den Himmel sein?
Welch ungefragte Endlichkeit bricht da
durch solch zerschellte Siegel ein?

Und sieh, wie Licht aus grünen Zweigen
ein goldnes Netz von Freisein spinnt.
Dein Weg ist immer dort zu Ende
wo seine Weiterfahrt beginnt.

Wir haben es getan wie Kinder tun,
die nur von Kinderdingen wissen,
und die ganz ohne Zögern
ihr Lieblings Spielzeug küssen.

Und meiner Mutter sagt' ich,
damals, als mein Herz noch schrie:
Du wirst noch viel von andern dazu hören –
so hör es staunend, aber glaub es nie.

Teil nicht die Welt in Blick und Blüte,
Farbgebung, Duft und was es alles gibt –
nimm teil am nie verlornen Wesen,
das all dies unaussprechlich gibt und liebt.

Jede Frau hat ihren Zauber,
jede Stadt hat ihren Preis –
was er von unsern Wangen wäscht,
kein Regen weiß.

Die Blätter rauschten, fielen,
der blaue Himmel schwand.
Sie trug modernes Zeugs,
kein Hesperiden-Gewand.

Sie schaute sich zuletzt
noch lächelnd nach mir um.
Wo ist ein Traum zu Ende –
und warum?

Geliebt zu werden kommt dir vor wie Lüge,
erscheint ein Lächeln dir schon wie Betrug;
du zählst die Schatten deiner Siege
und hast noch immer nicht genug.

Aber es kamen dir wie Schwestern
bestimmte Frauen schon im Leben nah;
besonnte Hänge – war es gestern,
da schon ein Übergang geschah?

Zögernd füllst du deiner Tage Stunden,
ergreifst ein Wort und läßt es wieder gehn –
dein Wild, hier längst entbunden,
bleibt dort am Kreuzweg wartend stehn.

Was alle schon erfahren
und keiner ganz versteht
machtlos der Engel Scharen
Liebe kommt und Liebe geht

Auch deines Lebens Linie
windverdreht
fern der südlichen Pinie
weiß wohin sie geht

Unheilbare Wunde
Schwanenhemd im Licht
wer zeigte dir die Stunde
wenn der Abend nicht

Unter der Götter Gähnen
entrollt ein bräunliches Los
dein Wohnen war ein Wähnen
Abschied nehmen bloß

So hüte deine Bälde
Schau der Wasser Lauf
noch vor der Mündung der Schelde
flammt dir das Zeichen auf

nimm den Pfeil von der Sehne
du triffst nicht von hier nach dort
der Strom nimmt Ziel und Lehne
im Bogen mit sich fort

Wir gaben eins dem andern
auch wenn es wenig war
ein Zeichen mit der offnen Hand
und fast ein Jahr

So nah beieinander
sahen uns kaum
manchmal bewohnten wir
den selben Traum

Etwas hatte lange
bevor es uns getraut
diese törichte Wand
ins Leben gebaut

Nun bist du seit Sonntag
letzter Woche fort
was hör ich da auf einmal
ein Lachen ein Wort

Ich bin der Meister ohne Werk,
verlassen von vielen Frauen;
ich bin die Feder, du der gläserne Berg,
hell und nur schwer zu duchschauen.

Sicher war ich auch nicht sehr nett,
doch ich möcht' keine Rätsel mehr lösen;
irgendwo steht unser unzerstörbares Bett
in vielen erhältlichen Größen.

Längst woh'n ich hinter dem stillen Ach
bei wildfremden Bekannten;
du bist der Schwan, ich der murmelnde Bach –
wo wollest du hier auch landen...

Die Straße ist verrückt – wie viele Frauen
vor Abend hier nach Hause gehn –
kann ich der Pupille trauen?
Ach, seid ihr schön!

Was wartet da auf euch, was stellt ihr an?
Ich möchte es nicht wissen, denn ich wär
in dem Schlafzimmer selbst der falsche Mann –
so bleib ich hier, allein und ungefähr...

Denn viel mehr weiß er von euch nicht,
der selber kaum sich kennt –
wenn dort ein viereckiges Licht
und hier ein Herz verbrennt.

Ich hör dich
Lady von Irgendwo –
dies Wispern aus dem Chatroom,
deinen Fado...

Die Dame zieht weiter,
der Troß bleibt hier –
wer schließt sie nun,
die weiße Tür?

Wo soll ich nach dir fragen
Frau aus Laut und Schnee –
ein Lied aus andern Tagen
beglückt, tut weh...

Du fragst mich, was das für ein Mädchen war –
ich suche und finde kein Wort;
du lächelst, aber es war ihr Haar –
ja, sie war ein Akkord

aus Haut und Haar und Scham und roten Lippen –
all die Rosenbilder, die du um dich scharst.
Sie war ganz anders – auf was willst du tippen,
wenn du selbst noch nie in Kopenhagen warst...

Sie war die dritte Tänzerin in meinem Leben –
doch kam sie als das erste Beben
seit Lissabon – wogegen
sollt' ich da protestieren, mich aufgeben

als ein leises Lied, das im Regen ganz fein
begann und zum Gewitter
schwoll; kein
Thema für Facebook und Twitter...

Manchmal erzählt mir eine Stunde:
Schau, ich bin ungeteilt; geh hin,
ergreife, was du meinst. Im Grunde
weiß ich, daß ich bei ihr bin.

Doch seh ich sie dann vor mir, wie sie da
einhält in der Bewegung, still dort steht,
nicht zu sich selber sagen mag wie ihr geschah;
und in Gedanken aus dem Zimmer geht...

Dann ist es fort. Erschrocken
harrt unser Engel und beginnt
mit seinen Händen aufzufangen diese Flocken,
die durch das offe Fenster fallen, und es rinnt,

was Schlaf und Zeit geworden uns ins Herz.
Es dauert, bis es überläuft und wieder pocht
und eins das andre weckt zu diesem Schmerz,
daß wir entzünden abermals den schwarzen Docht.

Was hätten wir zu meinen, was zu lassen?
Der nächste Tag wird immer größer sein.
Denn seine Platzverweise, seine Doppelstraßen
bekommen jede Stille klein.

Du selbst bist ein Bewohner dunkler Räume
und gehst zuletzt den eignen Schatten an.
Laß auch noch dies geschehen, träume,
was ohne deine Trauer nicht bestehen kann.

Für wen war diese Ferne abzusehen,
und was geschieht, wenn du doch fröhlich bist?
Du mußt nicht alles um dich her verstehen –
es reicht, wenn du mich nicht vergißt.

Ich hatte heute Nacht
diesen Traum:
da stieg ich
in einen grünen Baum.

Der hing mit wilden
Kirschen ganz voll –
kannst du mir sagen
was das nun soll?

Mitte Dezember. Der Tag
ist klar und kalt.
Der Sommer war lang.
Jetzt bin ich alt.

So geht das Lied,
das ist des Wassers Lauf:
es fließt vom Berg hinab
und nicht hinauf.

Doch wenn es unten ist,
wo geht es hin?
Wo bin ich,
wenn ich traurig bin?

Gelb war das reife Korn,
jetzt ist es grün.
Schau wie da oben
die Wolken ziehn.

Ein anderes Märchen hat mir
jemand erzählt und
dabei dies schöne
Wort gewählt:

Sie waren wie Schwester
und Bruder, die zwei.
Sie waren von sich gefangen –
und darum nicht frei...

Doch wer hat uns
halbe Herzen gemacht –
Wars der neidische Tag,
die helle Nacht?

Alle Blumen sterben,
kein Stern bleibt stehn.
In einem hellen Kleid
sah ich dich gehn.

Die Geschichte vom Knappen
ist auch erzählt –
die nächste von der Königin
schon ausgewählt.

Mit was bist eigentlich
du begnadet?
Daß du noch einmal davonkommst,
fast unbeschadet?

Und wer zog Jahre
hinab, hinauf?
Und hoffte noch immer?
Ich komm einfach nicht drauf.

Ist es weil einen Schaden
die Seele nie nehmen kann?
Wer aber ging
in die Irre dann?

Wenn die Wespen fort sind,
sollst du keinen Pfirsisch mehr essen;
doch Augen mach', da das Licht
alle Farben enthüllt
aus den von dir geworfenen Schatten.

Über meinen Wäldern steht der Bogen,
der keine Wurzeln hat und
nirgends die Erde berührt.

Die Dinge sind
im Licht, das ihren
Glanz enthüllt.

Aber von woher
sprechen sie, die keine
Dauer haben und keinen
Raum, dich nun an?

Besser kann keine
Welt sein und schöner
nicht Wasser und Berg
unter den weithin fliegenden Wolken.

Denn der schwindende
Tiger geht ohne Haß,
der wiederkehrende Busssard
stößt seinen Schrei
aus über der Stadt, die
seine Auen fraß.

Warum sollen wir, die aus
Versehen entstanden und im hellen
Widerspruch zu uns groß wurden
hier nicht, wenn der
Wind größer wird und
die Mauern fallen, unser
Zelt aufschlagen aus dem
Flickwerk unseres
Narrengewands?

Der Tod kommt
zwischendurch, denn das Leben
beschäftigt ihn, den großen
Liebhaber, alle Zeit.

Er kennt seine Stunde, die
keine andere sein kann und hält sich daran.

Der Tag ist selbst nur
Brückenschlag zwischen den
Verabredungen, die kaum
einzuhalten sind unter Freunden.

Doch ich traf die, keine
zwei Striche hinter dem neuentdeckten
Mond, der ganz erstaunt war,
daß es unter den Menschen
auch Liebe gibt.

Wie ein Meer Gezeiten hat,
stehn und sinken Wände,
wangenrotes Herz der Stadt,
Lichtspiel, Tanz, Legende.

So vielen gegeben, den meisten
verwehrt im zehnten Haus;
was ganz wenige leisten
löschen die Kommenden aus.

Wählst aus blinden Losen,
umwandelst den ragenden Berg –
unter blühenden Rosen
verbrennt dein schmales Werk.

Aus tausend Splittern erlesen
baltisch entstiegenes Kleid –
erglüht noch einmal dein Wesen
im Bernsteinzimmer der Zeit.

Für Sita

Vielleicht werd ich in einem andern Leben,
weit hinter vorgestellter Nacht
dazu noch etwas von mir geben,
was jetzt weder gewollt war noch vollbracht.

Doch eine hoch erregte Nadel
nach seinem Norden tanzt,
wo eine Hand von anderm Adel
ihr Andante vor den Frösten pflanzt.

So wird es kommen und so bleibt es hier,
ein Sternbild sucht den vorbestimmten Ort –
denn Raum und Zeit sind zwei, der Wände vier,
so rückt es weiter, geht es fort...

Warum die Fäden sanft entwirren
des Tuchs, das deine Schulter hüllt?
Wer wollte, da die Pfeile schwirren,
das Blut aufhalten, das die Wunden füllt?

Und schöne Frauen sich versehen
in Männern, Helden, Domestiken,
den andern hemmungslos verstehen:
mit welchen Marstrophäen sich noch schmücken?

Wie niemand endlich wissen kann
die Lüge, die er lächelnd schuf –
das Jahr geht uns mit Sommerzeit voran,
und Regen folgt dem Kuckucksruf.

Es war da noch die Rede von den Toten,
die ohne Regung sich ihr Ja erstritten,
uns, die wir nach dem Leben hungern,
um Brot für ihre Weiterfahrt zu bitten.

Wie kann denn sein, was nirgend ist,
und wirken, was erloschen –
in Zungen reden, die fest halten
müssen unsern bittern Groschen.

Selbst unbeherrschte Götter streiten,
ob unsre Allmacht Größe gibt –
Was, wenn ein ausgemachter Narr wie ich
dich bis in alle Zeiten liebt?

Geschenkt, das Mal der Wende
aus einem Glas auf dieses Tuch;
und wieder öffnet sich die Stunde
dem Zeichen wie ein schweres Buch.

Auszukunden, was vergessen,
in Flucht und Ahnung aus der Zeit,
und was verbleibt von all den Aderlässen,
europafern, weltweit...

Ja, doch: die Insel, Sphäre,
nach Westen felsig aufgerauht,
Stabkirchen, Boote. Deine Schäre.
Normannen-Schließe. Du die Braut.

Ein Ring aus Schuld: Versöhnung aus dem Kreis
der Ausgestoß'nen ganz zuletzt –
Dein Ja, es klingt wie ein ‚Ich weiß'.
Die Zeit, sie wendet sich erst jetzt.

Für Ramune

Wie nun zum endlichen Beschluß
der fahle Herbst ein Winterlicht entzündet,
so geht mein Leben in die Tracht,
die selbst erst in der andern Welt sich findet.

Noch keiner blies die Lampe aus,
der nicht mit gleichem Atem Feuer machte.
Und keiner schlug dem wirren Mond das Fenster ein,
dem nicht einmal die Sonne lachte.

So geht er ein in diesen rauhen Spalt,
darüber eine Hexe Kreise schlägt;
sein Herz ist froh und seine Lippe blau –
was aber ist es, das die Zeit bewegt?

Ein Rauschen da im hohen Grün der Bäume,
und ein Schlacht bei Fehrbellin;
ein Schuß am See zum andern Ufer,
dahinter, endlich: Ich, Merlin.

Du fragst nun auch was dieser
Blüte Bestimmung sei –
du hast ein Wort dafür,
sie ist davon frei…

V ZEITVERBLEIB

Wir sind von Zeichen umgeben
groß und unbekannt –
diese westliche Küste
vom Atlantik umspannt...

Wir glauben an das Ganze –
und doch wechselt der Mond
damit wir raten können
wer dahinter wohnt.

Jetzt kommt die Welle wieder
und bricht sich dort am Strand –
Wir sind von Zeichen umgeben
und nehmen die Zeitung zur Hand...

Wer hat gelächelt als du kamst,
wer weint schon, wenn du gehst –
und keins der Worte, so dir galten
verstehst?

Wer will schon wissen, wie es kam
und wohin alles geh –
die Liebe ist ein Ding für schwache Stunden,
blutgetränktes Tempo dort im Schnee.

Es gibt kein Glück auf dieser Welt,
ein Lidschlag vor dem Tod –
wer nimmt nur für den einen Tag
dein Leben, ach, so rot...

In Frankfurt, ziemlich mitten
darin, dieser Steg:
Eisern, daß er bei so vielen Schritten
sich nicht zu sehr beweg'.

Doch immer wieder bebt er
bei dem, der sich nicht kennt
und im Großen Hin und Her
vor sich selbst weg rennt.

Nur das Wasser drunten
weiß, wie es geht –
sich vor einer Stunden
heimwärts dreht.

Du wirst geboren und du bleibst im Leben
wie eine unerwähnte Spur im Sand.
Wer ist es, der sie hinterließ?
Wo willst du hin im wegelosen Land?

Du könntest dich zu jenen Föhren,
der Düne, diesem Fischerhause wenden –
was ist ein Ruder, Netz, was die Gefährten,
die nun vor diesen Fragen Ruhe fänden?

Am Ende jeden Traumes steht ein Meer,
so tief, daß keines Schlafes Tiefe dahin dringt,
und weit, damit noch lange
der Tag von diesem unerreichten Wasser singt.

Dinge, die sich nicht sagen
lassen, sie werden gehört,
weil sie so schwer zu ertragen
sind und ihr Klopfen hier stört.

Da sie schon an die Grenze
gehen, trägt oft sie ein Pulsschlag darüber,
und so vernimmst du fast in Gänze
ihr Silberklingen bei hohem Fieber.

Wenn jemand aus Versehen
über dich lacht –
da kannst du ihr Weh vestehen,
dafür sind sie gemacht.

Von diesem Kind der Fülle und der Leere,
der Liebe, bleibt da nichts,
das erwachsen zu nennen wäre,
Verwendbares irgend eines Gewichts?

Wie golden die Nacken-Kette,
schwere Wagen, der Nerz –
wenn verheert die Stätte
wird uns leichter ums Herz.

Und immer noch nicht alles –
erst wenn der letzte Wille
des Rauches und des Schalles
hin geht, ist Stille.

Auf Knien in letzten Tagen
beim großen Tandaradei
kannst du zum Leben sagen:
Ich bin so frei.

Einen seltsamen Traum hatte ich da,
gerade letzte Nacht –
alles war so licht rundum,
als hätte ichs vollbracht.

Doch was nur und in
welcher Hinsicht bloß?
War mir, als wär ich
eher klein als groß.

Und jetzt im Wachen,
da kommt es mir so
im Angesicht des hellen Tags
vor, als wär'n auch die Worte froh,

daß ich sie nicht mehr
anfaß wie vorher so fest,
doch noch zu sagen
den unbeschreiblichen Rest.

Ich fahr meine Wege,
nie sind sie gleich –
an ihren Rändern
unendlich, reich.

Manchmal im Wetter,
manchmal besonnt;
wechselnde Grenze,
Lichthorizont.

Mit jedem Blick
und jedem Tritt
nimmst du
Erde und Himmel mit.

Warum ist sie,
die Welt, so leicht –
weil sie sich
um sich selbst dreht, vielleicht...

Da ist die Sphäre, die wir nicht bemühen,
in der wir leben wie in einer Glocke,
umwirbelt von der ungestüm
im Wissenwollen aufgerührten Flocke.

So wie der Mond viel unsichtbarer
fernher Gezeiten schafft,
verspüren wir, ohne zu glauben,
doch eine Kraft,

die unser wäre, wenn wir bloß
dem Inbild aus der Nähe trauten,
auf das wir, als wir noch nicht lesen,
schreiben, rechnen konnten schauten.

Vielleicht ist unser kleines Leben
ein Kreis, der sich erweitert –
schön gemalter Tiefsinn,
der jemanden erheitert.

Es hört sich ja gut an
und kann auch sein;
es mag sogar ein Wasser geben –
wer warf den Stein?

Wenn dein Kreis dort
die Ufer erreicht mit viel Glück,
die zerrissenen – als was
kommt er zurück?

Du bist groß, du bist klein,
wie du auf der Grenze stehst:
Du bist einzig und allein
als was du da hinüber gehst.

Was hat dich zu dem gemacht?
Und frag nicht jenen oder die,
so es zu etwas hier gebracht –
denn alle außer dir sind irgendwie

ganz anders als der stumme Stern,
der auf dein eignes Antlitz scheint,
mit anschaut, wie du phonst, siehst fern,
und über deine Blindheit weint.

Was bin ich müde von der Welt,
wie gerne möcht ich gehen –
die Städte und die Spiele,
Frauen – ja, war schön...

Musik, der Kinder Lachen,
der späten Mütter ‚Ach' –
weiß nicht, wohin ich entschlafe.
Vielleicht werd' ich ja wach?

Was dein Leben immer trägt
liegt nicht in deiner Hand;
für die sturmgewohnte Erde
bist du Schnee und Sand.

Was am Ufer dieser Straßen
dich wirft hin und her;
elendes Nicht Lassen Können,
dröhnender Verkehr.

Da – an fernen Balkonen,
wie schön, daß es so etwas gibt:
diese blauen Glycinien –
wie hast du sie geliebt...

Was willst du mir noch sagen?
Wovor ist dir bang?
Wenn es Abend läutet,
werden die Schatten lang.

Ungelebte Leben,
Tode, die wir sterben,
Stimmen von draußen,
die unsre Züge färben.

Endet auf schweigendem Feld
der Seele Vielvölkerschlacht –
komm aus dem frühen Morgen,
geh ein in die dunkle Nacht.

Aufruhr jenseits von Eden,
was kommt, geht von ganz allein;
und zuletzt trifft jeden
der erste Stein.

Noch einmal, Kind, erzähle,
was man dir gab vor Tag.
Danke für die Blumen.
Es geschah, weil man dich mag.

Wie Blatt und Baum sich mögen,
weil die Erde bebt,
und voneinander lassen, wenn
der Wind sich wieder hebt.

Danke dem Tier wie dem Engel,
wenn es dann wirklich wird Nacht;
was tief in der Seele schrie
hat uns zusammen gebracht.

Wohin geht der leere Schritt?
Was erfüllt ein Wesen?
Kann die Hand die Blindenschrift
des Hingestürzten lesen?

Was war falsch am Gestern?
Und was richtig heut?
Gut, endlich zu wissen
was dich morgen freut?

Lange wirst du sagen:
Nur So ein Gefühl –
etwas tief in dir
weiß und spricht nicht viel.

An einem hellen Abend ging
die gute Zeit dahin;
vielleicht war es im letzten Mai –
verrat mir wer ich bin.

Gibt nur wenig zu sagen,
so viel noch zu tun;
wär es nicht das Beste,
du läßt das Ganze ruhn?

Damit die Große Sekund,
um die sich alles dreht,
ohne Wenn und Aber
auch noch vergeht.

Was immer du für dich auch tust,
ein letztes wird es einmal sein;
und weil du immer nur in einem Andern ruhst,
wie wird ein großes Ach so klein.

So klein wie ein geworfnes Korn,
zufällig an den Weg gefallen,
beginnt das alte Lied von vorn
auch dort, wo keine Hörner schallen.

Nur du hörst dieses Rauschen,
da deine Ähre fern der Äcker reift,
wo Blatt und Name sich vertauschen
und Kinderhand nach deiner Krone greift.

Nichts lieben wir so sehr
wie ein doppelt belichtetes Blatt
wo alles um uns her
so scharfe Konturen hat

Da können wir ahnen und träumen
wo unser Irrland lag
und reichlich zwischen Bäumen
sich verliert ein Tag

Und mehr noch weil die Schatten
vorsichtig rücken ins Licht
was wir immer vergessen hatten –
weißt du es nicht?

Der Sommer geht zu Ende,
die Tage werden schmal;
aus welcher Höhe kamst du
in dieses Tal?

Da hier für dich nur wenig
zu tun und lassen bleibt,
weißt du am Ende auch nicht mehr
wo dir die Zeit verbleibt.

Letzte verlorene Stunden,
Herzweh, Seelenstreit –
und vor dir steht nun
die ganze Ewigkeit.

An was du glaubst, wenn du dir etwas
bei diesen fahlen Mauern denkst,
den kahlen Espen, die dahinter
stehen, kaum Beachtung schenkst.

Oder dem Wagen dort, ihn fährt ein Fremder,
gleich dir beschäftigt, auf dich zu,
und findet im Vorüberstreifen
genau so wenig ich und du...

So quert sich alles ohne sich zu finden,
und alles findet sich, wie du dir sagst –
doch rettet dich allein diese Sekunde,
an die du nicht zu denken wagst.

Der Raum, er füllt sich, daß aus Leuten
um warm bestrahlte Tische Menschen werden
mit all dem schönen Drum Herum,
Begrüßungsformen, Herzgebärden.

Da wirkt schon kalt, wer nur allein
für sich sein Glas hegt und betrachtet
und froh ist, wenn die flotte Serve
ihn für die nächste Viertelstunde nicht beachtet.

Doch gerade ihm kommt es nun unerklärlich
und ohne eignes Zutun vor
als öffne sich, weit hinter allen Mündern
und Gläsern dort ein stilles Tor.

All diese Dinge
vor denen alle Zeit
uns warnte, wir haben sie
vorher gewußt.

Doch es änderte nichts;
die Rufer in der Wüste,
sie hatten sich
versammelt in der Halle,
ihr Feldbett zu bekommen. Wer
wußte von ihrem Schlaf?

Wie einer, der im Gewitter
den Hörer abnimmt, ein Blitz
schlägt bei ihm ein und
eröffnet das Große Gespräch.

Warum sind Verliebte nur
so schwer zu ertragen?
Sie haben einander doch
so viel zu sagen.

Natürlich bringt uns
dabei aus der Ruhe
dieses ganze
falsche Getue.

Richtig aber, was
das Herz vernimmt:
O, fühle
was mit mir nicht stimmt!

Dies ist die längste Reise,
die du hier unternimmst,
und wie ein Zweig von dort
zum Hier, wo du dich findest, schwimmst.

Dies ist die längste Reise,
die du schon immer machst,
bis du ohne ein Gestern
zu deinem Heute wachst.

Der Reisen aller längste
du unabsichtlich tust
und endlich unverloren
im Grenzenlosen ruhst.

Es gibt ein großes Morgen
und eine letzte Nacht –
du bist das Schiff, das Wasser,
die Wolke und die Fracht.

Stanza Philo Sophia

Was wär die Welt, wär sie nicht auch Musik;
und unser Suchen, gäb es nicht ein Finden?
All das, wozu der Himmel schwieg,
vor Nacht ein Andres zu verkünden?
Und wenn, da Nord und Süd im Krieg -
kann sich nicht Ost und West verbinden?
Sehr fremd berührt uns dieser Klang,
der hier ein Schrei und dort Gesang.

Die wir uns jetzt in hellem Zorn
über das Dunkel dieser Zeit empören,
ohne uns daran, daß wir selber vorn
im Licht uns stehen, groß zu stören;
im Lärm der Straße Widders Horn
über der Stadt auch nicht mehr hören.
Es klingt auf einmal furchtbar in den Ohren,
was wir an Obertönen auf der Flucht verloren.

Bleibt ein Letztes: dieser Glanz
um alles Unzulängliche und alle Dinge;
ein Durcheinander oder Tanz
im Rauschen einer unsichtbaren Schwinge –
als ob es einem nie Gekannten ganz
um dieses Eine und um sonst nichts ginge:
Kein Bild, das nicht im Licht erlösche,
Kein Wort, das nicht von dieser Liebe spreche.

Für Sophia Lee aus Seoul

Ein Fremder geh ich unter Fremden
zu sehen, was ich nie gedacht,
wie sich die Welt dreht unter Tage
zu halber Nacht.

Uns scheint, wie all die Menschen rennen –
es ist die Zeit, die rasend rennt
und in der vielen Völker Name
den eignen plötzlich nicht mehr kennt.

Wer kann da wissen oder meinen?
Was steigt uns da vor Morgen auf?
Wo ist der Rhein zu Ende
und wo des Oxus neuer Lauf?

Von Pol zu Pol die Fässer
sind aufgestellt –
wenn du nur eines zündest
brennt die ganze Welt.

Es kommen schließlich
ganz am Ende,
fast kaum spürbar
wie Geisterhände

diese so genannten
letzten Dinge,
an die du zuletzt
gedacht. Sie sagen: Bringe

uns noch in Ordnung –
dann darfst du gehen.
Du kannst sie
immer noch nicht sehen.

Die letzten Dinge kommen
immer zum Schluß –
einfach, weil es irgend wann
ja noch sein muß.

Sterben ist nicht immer
Großer Gesang,
auch wenn es schnell geht
dauert es lang.

Wir haben dieses Weh
weil wir nach Hause müssen –
doch warum weinen wir,
da wir es wissen?

Weil sie so unerkennbar
schön ist, die Welt
und uns das Leuchten
der Dinge so gefällt.

Was wäre noch zu tun, des Tages Ende
findet zur Ausfahrt Messe keine Ruh,
vom Kreuz her aus dem Dunkel strömen
der City neue Sünder zu.

Mehr Licht! Damit wie sehen
was uns zusammen hält –
Kaufkraft und Liebe und für alle
immer wieder: Viel zu wenig Geld.

Letzte Nacht, da hatte ich
den folgenden Traum:
ich sah in seinem tiefen Grün
einen lichterloh brennenden Baum.

Ist es, daß ich nicht mehr schlafen
und auch nicht mehr wachen will?
Wenn es denn so weit ist –
wird es dann richtig still?

Du fragst: Von diesem letzten Strom,
gibt es da eine Wiederkehr?
In welcher Höhe aber querst du ihn,
von welchem Felde kommst du her?

Bist du selbst jener, der in Zeiten lang
die Fähre stieß von Grund zu Grund,
ohne daß je ein andrer nahm
das Wort ihm aus dem offnen Mund?

Kann sein, wir alle wie wir sind,
im Dort einmal hinüber müssen –
ob es ein Hier oder ein Drüben,
ein Fort oder ein Da ist, lass mich wissen…

Auslese

WORTE MACHEN – GEDICHTE SCHREIBEN

Wie das Gedicht – verglichen mit anderen literarischen Formen der Prosa, der Dramatik – ein Gebilde darstellt, das mit möglichst wenigen Worten viel in uns herbei – oder hervorruft, so sollte auch das Sprechen über diese Form wiederum nur so viel oder wenig Worte machen, wie es irgend geht. Als Autor der vorliegenden Sammlung möchte ich mich noch einmal beschränken und lediglich dem Ausdruck nachgehen (oder nachgeben), der in sinnfälliger Weise diese Zweifaltigkeit des lyrischen Tönens erfaßt: Singen und Sagen...

Allerdings beginnt noch das angeblich älteste Zeugnis unserer (europäischen) Tradition, das den sagenhaften Bericht in Versform darbringt mit eben diesem erhebenden Vokativ *Singe, o Muse (den Zorn des Peleiaden Achill)* ... Und auch die Odyssee, ob nun älter oder nicht, folgt diesem Anruf. *Singe die Sage.* Das eigentlich Tiefe dieser Doppel-Nennung des Vokativen liegt *in der Höhe*, die damit angerufen, damit auch der des Tons, der darin angeschlagen wird. Er rückt, was da her tönt, in ein ganz anderes Licht. Es ist jetzt die Stimme der Muse, die durch den Sang des rufenden Sängers tönt (oder leuchtet).

Ich könnte an dieser Stelle den geneigten Leser einladen, eine kleine Übung zu machen, die ihn sofort in diese Region überführte. Sagen Sie ein beliebiges, ihnen gerade kommendes Wort, einen Satz. Und nun – *singen* Sie das. Versuchen Sie, *mit zu bekommen*, was passiert, wenn Sie dieses Wort oder diesen Satz nun singen. Sobald

Sie spüren, fühlen, erleben, was (mit Ihnen) passiert, wenn aus dem *gesprochenen* Wort ein *Singen* wird – haben Sie es! Richtig, es ist ein ganz ähnlicher Vorgang wie der, welcher bewirkt, daß aus einer Geste, einer Bewegung – *Tanz* wird. Oder geschieht. Tanz geschieht. Und so geschieht ein Gedicht. Das *Sprechen* (die Sage) *singt.*

Auf eine andere Verwandtschaft sei hier hingewiesen: die des Gedichts mit dem Traum. Ich bin gleichsam alt genug (das meint: genau damit oder darüber alt geworden) dies ohne Scheu aus zu sprechen. Seit ich lese und schreibe, schreibe ich Gedichte und lese (und notiere) Träume. Eine der ersten Bezeugungen meiner Zunft, zu der ich mich berufen fühlte, war eine Wendung, die ich als etwa Achtjähriger auf einen leeren Kassenblock schrieb, den ich meiner Großmutter aus dem Geschäft stibitzt hatte um eine Art Bedarfsliste für den Bund zu erstellen, den ich mit einem Freund zu gründen vorhatte: ‚Auch Pferde müssen wir haben...' Welch poetisches Desiderat!

So wenig nun aber Träume Wunscherfüllungen darstellen, so wenig sind Gedichte Produkte des Unbewußten. Vielmehr sind sie erkennbar Manifeste eines veränderten, ja erweiterten, nämlich in den Bereich des Wirklichen erweiterten Bewußtseins, an dem die unrühmliche Realität darum zerbricht, weil sie zu dem, was uns Menschen wirklich (und das heißt: tatsächlich) beschäftigt, schändlich wenig zu sagen hat.

Ein Gedicht ähnelt auch deshalb einem Traum, weil es wie dieser selbst-verständlich, *selbsterklärend* ist. Die Vorstellung, daß ein Traum gedeutet (und ein Gedicht interpretiert) werden müsse, entstammt dem doppelten Mißverständnis der Tiefenpsychologie, die antiken Traumdeuter hätten Träume gedeutet, und darum auch bloß falsch gedeutet. Sie haben stets nur immer den Träumern – sowohl den Pharaonen, Tyrannen, wie den gewöhnlichen Sterblichen, die zu ihnen kamen, deutlich gemacht, daß diese die Neigung hatten, ihre Traumbilder darum nicht zu verstehen, weil sie nicht sehen wollten, was doch offensichtlich war. Wenn du, König, diese Grenze überschreitest, wird ein großes Reich zugrunde gehen. Der König, er glaubt natürlich, dies wäre das Reich des Feindes, das er zu erobern gedenkt. Erst die moderne Psychologie verfiel dem Irrtum, einen Traum nach ihren Maßgaben zu interpretieren, anstatt dem Träumer zu zeigen, daß er nur träumt, was ihn finden, also *treffen* wird.

Wie wir den Traum nicht für den Theraputen träumen, so entsteht auch ein Gedicht nicht, weil es Interpreten gibt, die es zu verstehen vermeinen. Wahrscheinlich gibt es in der Welt auch weiterhin immer wieder gute Gedichte, weil es hier immer bessere Interpreten und Kritiker gibt. Vielleicht existieren darum auch so viele Literatur-Preise, weil die Literatur nicht mehr preist, was ja ihre vornehmste Aufgabe ist. Das gilt insbesondere für das Gedicht. Ein Gedicht ist immer ein Preis – es preist die Liebe, den Schmerz, den die Liebe in dieser Welt zahlt, und es preist die all-singende Natur. Und alles andere, was es darüber hinaus enthält, steht zuviel auf dem Blatt.

Warum ist es aber ausgesprochen schwierig, ein Gedicht zu machen, das nun singt und klingt und schwingt in einer Weise, wie es etwa der

Tanz vermag, der uns darum so hin- und mitreißt? Aus dem selben Grund, warum wir im Wachen kaum jemals einen solch lebhaften, lebenden Traum haben können wie im Schlaf. Wir sind nicht dort, wo es geschieht. Ein Traum ist stets vollständig. Nichts fehlt ihm. Und ebenso das Gedicht. Es ist fertig. Ihm fehlt nichts. Außer eben, daß wir es, wenn wir es zu machen versuchen, so noch nicht haben. Um es zu bekommen (nämlich so hin zu bekommen) erheben wir die Stimme – nämlich die *Stimmung,* wir gehen *in dem,* was wir sagen wollen, *in ein Singen über.*

Nicht weniger schwierig scheint es, Gedichte auszuwählen für eine Sammlung. Dabei erweist sich, wie stark oder schwach sie sind – wenn das einzelne Gedicht nun den Zeilen und Wendungen anderer Verse ausgesetzt ist. Es ähnelt dem Hängen von Bildern für eine Ausstellung. Hier zeigen sich ebenfalls die Stärken und Schwächen, das Passende oder Unpassende eines Werks – oder auch seine Einzigartigkeit. Dies gilt um so mehr, als es hier um eine Aus-Lese oder Ein-Lese aus einer langen Zeitspanne geht, während der ich in dieser Stadt lebte. Es tritt erbarmungslos ins Licht, was mich beschäftigt, zum Schreiben treibt, mir an- und nachhängt. Da beunruhigt vor allem, wie einen Worte, Bilder, Wendungen ein Leben lang begleiten können als Gefährten oder auch Gespenster; Wegelagerer... Vielleicht hilft hier am ehesten das vertraute Gefühl, wir seien die unerkannten Königinnen und Könige eines Landes, in dem wir vorerst als Narr, Soldat und Pechmarie irren, gar als Kröte, Bär oder Fisch auf dem Trockenen ein versehrtes, verkapptes Dasein fristen – aber das Land, in dem das alles geschieht, ist eben das Märchen- (oder Dichter-) Land.

Als ich da sitze in meinem Cafe und diese Blätter mit den seltsam Wolkengebilden ähnelnden Texten durchsehe, kommt ein alter Bekannter vorbei, der dieses Quartier mit mir seit Jahren teilt. Er hält ein, sieht auf mein Blatt und fragt: ‚Inhaltsverzeichnis oder Gedicht?' Gute Frage. Oder – herrliches Versehen? Denn ein Gedicht ist beides, ein Gedicht – und ein Inhaltsverzeichnis. Jede seiner Zeilen enthält diese Worte als Anweisung auf ein Kapitel, das nur durch diese eine Linie ausgedrückt zu werden braucht – weil es sich im Gemüt des Lesers zu der abenteuerlichen Strecke ausweiten wird, die er in sein eigenes inneres Land oder Lied zu gehen unternimmt. Wie auch jedes Inhaltsverzeichnis, wohlverstanden, für den wirklichen Leser des Buchs zum Gedicht wird: dort, wo er gerade hinstarrt, stehn die Bienenkörbe seines Herzens. Oder hängen zumindest die Lesefrüchte seines Baums, aus dem er, nicht weit vom Stamm, gefallen ist.

Dieser Bekannte, er fiel mir übrigens zum ersten Male auf in den frühen Siebzigern, da ich mich, nachdem ich dem Wunsch einer akademischen Karriere Valet gesagt und mich im Dachgeschoß einer Schreinerei im hinteren Bockenheim eingenistet hatte um, nun, zu dichten. Auf einem der ersten Kundgänge durch die umliegenden Straßen sah ich diesen Menschen – wie er auf einem langen Balken ritt, der aus dem runden Fensterloch des Firstes eines Eckhauses ragte und wer weiß wie dort gesichert war. Er aber, mit langem aschblonden Haar (das er heute noch, zu einem inzwischen graumelierten Pferdeschwanz gebunden trägt), war damit beschäftigt, den Giebel dieses Hauses, das wohl als besetzt galt, mit frischer Farbe zu versehen, die er mit einer Rolle, die wiederum an einer Stange befestigt war, dort auftrug. Was mir angesichts der Bausubstanz dieses eigensinnig in die Friesengasse ragenden Gebäudes wahrlich als ein Akt vorkam, ähnlich dem, zu dessen Aufführung ich mich erkoren hatte: meiner Wohnstatt hier frei aus der Luft heraus die Farbe meines Herzens zu geben.

Neben diesem, inzwischen von gutmeinenden Denkmalschützern erhaltenen Eckhaus eröffnete kurz darauf der erste Naturkost-Laden unter der kernigen Bezeichnung ‚Malm'; einige Schritte weiter fand sich über einem leerstehenden Laden rasch der Schriftzug ‚Tunix', der, dem Logo folgend, freilich nie wieder eröffnet wurde. Doch wie konnte die eigentliche Haltung, die zum Enstehen poetischer Erzeugnisse führte, besser ausgedrückt werden? Ja doch – ich empfinde mich immer noch als Dichter, will sagen gewissenloser Migrant (oder Migrand?) im Lande Tunix. Nur einen Paß wird einem hier nicht ausgestellt, wo sollte ein solcher auch gemeldet oder gelistet sein.

So bleibt ein Ding noch zu erwähnen, das, wo Sprache und Dichtung beschwört wird, berührt werden muß: Die eigentümliche Kraft, die ein solche fragiles Gebilde wie ein Gedicht entfalten kann. Denn weshalb ein Gedicht so *wirkt*, hängt mit der wundersamen (träumerischen ?) Eigenschaft der Sprache zusammen, etwas in uns *wach zu rufen*. Und zwar nicht einfach Vorstellungen (wie es auch die gewöhnliche Rede und Schrift kann), sondern eben *Bilder*, die nicht nur für den realitäts-prüfenden Verstand einen Sinn machen, sondern vielmehr einen *Doppelsinn* erregen. Diese staunenswerte Eigenschaft der poetischen Sprache, den Sinn eines Wortes als Bild an ein anderes Wort Bild weiter zu reichen und es dadurch gleichsam an ein weiteres zu *verraten*, bestimmt zugleich die Höhe oder Tiefe der Anrufung, banaler, das Niveau des Besagten. Denn wir empfinden ein Bild als um so poetischer, als es *treffend* ist – aber damit auch eben um so *ungewöhnlicher* trifft, uns nämlich damit dem Gewöhnlichen *entreißt* (und zugleich auch das Gewöhnliche ins Wirkliche, ja doch: wirklich Existierende entrafft). So gibt es, um bei dem gewählten Bild zu bleiben, nicht nur Bienenkörbe des Herzens, sondern auch Berge, Damen und sogar Königinnen der Herzen – und alle haben dieses hohe, außerordentlich blaue, ins Grenzenlose schwingende Geblüt des Auserwählten, dem Himmel Gehörenden, sofern dies nur der Himmel unseres ganz eigenen, inneren, wahren, uns nicht auszuredenden Orplid oder Teneriffa ist.

Dazu tritt die andere untrügliche Eigenschaft der Sprache, ihre lautliche, ja *läutende* Kraft, die nun ihre *akustische* Tönung ausmacht. *Sie* – und nicht das beschworene Bild – stellt das eigentlich *empathische* und darum emphatische Moment, das mouvement, das uns nämlich *bewegt* (während das *Bild* gerade *da steht* in seiner zaubrischen Entrücktheit). Diese zweite namhafte Eigenschaft der Sprache, sie ist nicht einfach eine Ergänzung des ersten, bildgebenden Anteils – denn in ihr äußert sich gerade dies *Tönen*, dieses Mit- und Nach-Tönen, das uns in Resonanz versetzt. Seine bekannteste wie populärste Ausformung ist – wiederum in seltsam stimmiger Analogie zum Doppelsinn der Metapher – der Reim, der, genau so wie das sich an ein andres verratende Bild, darum ebenso zum Prüfstein dieser Kunst wird, weil er so platt wie erwählt, so hahnebüchen wie delikat sein kann. Und das gilt genau so für die freien Rhythmen oder wie auch immer gebrochenen Verse, die allesamt gebrochen werden, um eben

Licht und Luft und damit auch wieder den Klang in unser Gefängnis der Sprache zu lassen, die sonst leicht zum Grab des Meinens und Verneinens wird, in dem wir, was wir wirklich meinen, nämlich *minnen, lieben* schließich dann sang- und klanglos begraben.

Diese wenigen Dinge sollten gesagt sein, daran zu erinnern, daß alle Worte, die wir machen zuletzt, aber vor allem zuerst aus dem Gesang, der *Erhebung* kommen. Alle Sprache stammt aus dem *Vernehmen* – der blinde Sänger sieht, und darum ist sein Attribut die Leier und nicht der Griffel. Dichten ist so ziemlich das Gegenteil von ‚texten'. Es ist genau nicht der Moment des Schreibens, auf dem der Wert liegt – sondern der Augenblick *vor* dem Aufsetzen des Stifts, der über das Gehörte, also das Un-erhörte entscheidet. Allein der Dichter wird vorgestellt, *bevor* er seinen Griffel aufsetzt und die Eingabe macht. Ihm wird das Bild, der Ton, die Wendung *eingegeben*. Das Gedicht, das an die Stelle soll, ist schon da. Wir müssen einfach nur Platz schaffen dafür. Einen Text kann man immer verbessern. Ein Gedicht kann man bloß ruinieren.

Volker Erbes im Juli 2019

INHALT

Verzeichnis der Gedichtanfänge

I erzählen rauschen fahren

II Wir hörten ihn singen

III Krug und Schatten

V Zeitverbleib

Auslese